REFORME

COMMERCIALE

COMME ÉTANT LE SEUL MOYEN

DE SAUVER LES SOCIÉTÉS

Par J.-J. Durand

GARDE-MAGASIN DU TIMBRE

A ORAN

Colete justitiam et omnia proficientur vobis.

Pratiquez la justice et toutes choses vous réussiront.

(ÉVANGILE.)

ORAN

TYPOGRAPHIE DE ADOLPHE PERRIER

RUE PHILIPPE

—

1848

RÉFORME COMMERCIALE

COMME ÉTANT LE SEUL MOYEN DE SAUVER LES SOCIÉTÉS.

à Monsieur de Lamennais.

Témoignage de déférence et de sympathie.

J. J. Durand

RÉFORME COMMERCIALE

> *Colete justitiam et omnia proficientur vobis*
>
> Pratiquez la justice et toutes choses vous réussiront.
>
> (ÉVANGILE.)

OBSERVATIONS PRÉLIMINAIRES.

Le mécanicien qui se propose de construire une machine compliquée, dresse d'abord le plan d'ensemble de cette machine; établit des proportions exactes entre ses diverses parties; mesure la puissance du moteur par les obstacles et les frottements; calcule la somme de déperdition de forces; raisonne le jeu de chaque roue ou ressort non-seulement en lui-même, mais par rapport au jeu général.

De même, quand il s'agit de réformer une société, il faut embrasser d'un coup-d'œil l'ensemble des principes qui la constituent; prévoir tous les obstacles; bien se rendre compte de la connexion et de la corrélation de ces divers principes entr'eux, et juger de leur effet par l'ensemble et non par chacun pris isolément.

Sans cela, on est exposé à marcher au hasard : telle institution qui nous avait d'abord paru présenter de grands avantages en elle-même, devient erronée ou d'une application impossible dans ses rapports avec telle autre; les proportions n'étant pas observées, le jeu ne se produit plus; la machine ne fonctionne pas ou fonctionne mal; et, au lieu d'améliorations réelles, on n'a occasionné que des tiraillements dans le corps social.

Tel est le vice qu'on semble remarquer dans les différentes réformes qui ont été proposées ou réalisées depuis la révolution de février jusqu'à ce jour (1).

Ainsi (pour ne parler que de quelques-unes de ces réformes ou projets) la mesure de l'abolition de la prise de corps, qui eut pu produire d'excellents résultats dans une réglementation générale du commerce, n'a eu d'autre effet jusqu'ici que de jeter la perturbation et le discrédit dans les relations sociales.

Ainsi la réduction des hauts traitements et le projet d'impôt

---

(1) Écrit le 20 avril 1848.

sur les loyers et les objets de luxe, bien qu'appuyés sur un principe de la plus stricte équité, n'ont fait qu'augmenter dans le commerce la crise qui le tourmentait déjà.

Ainsi la question de l'organisation du travail, parce qu'elle a été traitée isolément, a paru avec raison une impossibilité et une utopie, et les hommes, bien intentionnés d'ailleurs et très-amis de l'humanité qui la présentèrent, encoururent le blâme de tourner dans un cercle vicieux.

En effet, que signifie la fixation du nombre d'heures par jour de travail et le prix de la journée du travailleur, si d'un autre côté vous ne signalez les moyens de tirer parti des excédants qui se présentent dans la plupart des états et si vous ne mettez un frein à l'agiotage et à l'ambition? Et que vous aura servi d'établir que l'ouvrier, au lieu de gagner 3 fr. par jour, gagnera 5 fr., si, avec ces 5 fr., il ne peut se procurer plus de choses qu'il ne s'en procurait avec 3 fr.? Or, soyez certain que, quel que soit le prix que vous fixiez pour la journée de l'ouvrier, le riche saura bien toujours établir entre lui et ce dernier la proportion différentielle qui existait déjà.

Vous n'aurez donc rien fait, ou plutôt vous aurez menacé la société dans sa base en isolant le travail du capital, en formant deux camps séparés des ouvriers et des maîtres, du riche et du prolétaire, dont la fusion dans toutes les hypothèses est indispensable, qui déjà s'examinent, mesurent leurs forces, se menacent mutuellement de se refuser les uns aux autres.

Un autre grave inconvénient est résulté de cet état de choses; c'est celui-ci : que des hommes qui, dès le début, avaient accordé une adhésion franche et sincère à la République, saisis du pernicieux effet de ces demi-mesures, ont tourné leurs vues vers un autre ordre de gouvernement, et ont reporté leurs pensées vers le rétablissement d'une souveraineté quelle qu'elle fût, plutôt que de rester plus longtemps dans cette confusion, dans cette Babylone, où l'on ne s'entend pas, où personne ne peut apercevoir le but où nous tendons.

Je l'ai dit, ce qu'il fallait c'était un plan d'ensemble, une organisation générale qui descendît à peu près dans tous les cas; qui équilibrât tous les intérêts sans injustice et sans une secousse trop violente; qui améliorât tellement toutes les positions sociales que la misère, la mendicité et la presque totalité des vices qui inondent aujourd'hui la société disparussent de son sein; une organisation, en un mot, qui substituât une règle certaine au désordre et à la confusion où se démènent les peuples depuis six mille ans.

Le plan que je présente me paraît réunir ces différentes conditions : j'en laisse pour juges les hommes justes, consciencieux et désintéressés.

Ce plan se résume, indépendamment des améliorations déjà réalisées ou proposées aux chambres et dont je ne parlerai pas, relativement à la liberté de l'instruction, à l'impôt progressif, à l'acquisition par l'État des chemins de fer, aux commissions de travail, aux maisons d'asile, etc., dans l'*établissement*, par localités, *de magasins nationaux*.

DU COMMERCE.

Mon dessein n'est pas de faire l'exposé des chances diverses auxquelles est assujetti le commerce actuel ; de compter une à une les nombreuses faillites et banqueroutes qui le signalent et les ruines qui en sont la suite ; de fouiller parmi les turpitudes la mauvaise foi, la fraude qui s'y commettent et qui compromettent je ne dirai pas seulement notre bourse, mais encore notre santé et notre vie ; tout le monde connaît ces tristes vérités ; nos journaux et à leur défaut les murs de nos villes, nous en apprennent assez chaque jour : je ne ferais donc que rappeler aux yeux de l'humanité ce qui fait sa honte.

J'ai voulu seulement examiner le principe sur lequel est basé le commerce tel qu'il est exercé de nos jours ; tacher de parvenir à en reconnaître le vice et proposer les moyens d'y remédier dans les limites du possible.

Le principe de la concurrence illimitée, comme base du commerce exercé individuellement, est faux, ruineux, ne comporte qu'une liberté illusoire sans égalité de chances, est subversif de toute société.

Ce principe est certainement faux et ruineux qui tend à multiplier sans mesure, sans règle et sans discernement des objets futiles et accessoires au détriment des choses nécessaires à la vie, en employant à la fabrication ou à la revente de ces mêmes objets, une infinité de bras qu'il ravit à l'agriculture.

Tel est le commerce actuel : des milliers de magasins regorgent de brimborions, d'objets superflus, tandis que le nécessaire, tandis que le pain manque à un grand nombre. — Où il faudrait une personne pour distribuer les produits, dix personnes, séduites par l'appât d'un vain lucre, ou par l'oisiveté, ou par toute autre passion que je ne qualifierai pas, se chargent de ce soin ; d'où il résulte que ces dix personnes, ne trouvant plus un écoulement suffisant, sont réduites à employer ce qu'on appelle les petits moyens, à frauder sur le prix, sur la mesure ou sur la qualité, ne peuvent faire face à leurs engagements ; les uns, ceux qui sont consciencieux, perdent ce qu'ils ont apporté ; les autres, ceux qui sont de mauvaise foi, induisent en perte leurs commettants, qui après tout devront bien chercher à se rattraper sur les transactions subséquentes, par des augmentations de prix qui retomberont nécessairement sur le consommateur.

On dit : le commerce est libre ; la liberté fait son essence.

Si l'on veut parler de cette faculté matérielle qui est laissée à chacun d'exercer ou non le commerce, on a raison ; mais ce n'est pas là je pense ce qui constitue une véritable liberté ; cette liberté, dans l'espèce, ne saurait avoir lieu qu'avec l'égalité des chances ; or, je soutiens que, sous ce point de vue, le commerce n'est rien moins que libre.

Dans l'excédant que j'ai signalé plus haut, d'individus qui se livrent au commerce, l'égalité des chances est impossible. Et, ne voyons-nous pas, en effet, chaque jour celui qui a moins de capitaux succomber sous la concurrence de celui qui en a davantage : et, sans envisager ici le petit commerce, combien de fois n'avons-nous pas vu les grandes compagnies, les vastes entreprises se disputer le monopole d'une branche de commerce et se faire une guerre d'extermination par la baisse des prix. Le public y gagne, dites-vous? Attendez, lorsque la compagnie la plus riche aura forcé l'autre à abandonner le terrain, et qu'ainsi le monopole lui sera acquis, elle saura bien se relever des sacrifices qu'elle aura été obligée de faire et reprendre au public l'économie apparente dont il avait profité dans cette lutte.

Cette vérité de l'inégalité des chances dans la concurrence illimitée est si évidente, que le commerce tend chaque jour à se monopoliser et à passer entre les mains d'un seul homme : et déjà se trouve presque réalisé ce triste résultat. — A l'heure qu'il est, peu s'en faut qu'un seul homme ne tienne en ses mains le monopole, je ne dirai pas seulement de la France, mais de l'Europe entière. C'est au point que cet homme peut réaliser 100 millions de bénéfices dans un jour (vous en avez vu un exemple frappant, lors de l'émission des actions pour les chemins de fer). Aussi, les rois eux-mêmes sont-ils soumis au bon vouloir et au caprice de cet homme qui a été appelé à juste titre le roi des rois, et ceux-ci seraient dans l'impuissance d'entreprendre la guerre sans son intervention. Encore quelques années, et cet homme, maître de toute la fortune de la France, pourra, chose affreuse, régler à son gré les salaires de tous, et vous obliger de travailler à tel ou tel prix, sous peine de mourir de faim. Et voilà où vous aura conduits cette prétendue liberté du commerce.

Non, le commerce n'est pas libre ; le principe qui en fait la base est faux et ruineux et subversif de toute société.

Ce qu'il y a surtout à déplorer, c'est que parmi le grand nombre d'améliorations qui sont venues à l'esprit de nos hommes d'Etat, aucune n'ait eu en vue l'organisation du commerce sur des bases nouvelles. Il y a plus, et tandis qu'il demeure démontré que la petite industrie est déjà trop répandue, on a proposé de voter une dépense de 250 millions pour la favoriser et lui venir en aide. Et cependant, j'éprouve la profonde conviction que toutes les réformes que l'on aura introduites dans le système social seront sans résultat réel, tant que l'on n'aura pas réglementé le commerce; que toutes les mesures partielles que l'on aura adoptées ne seront que des demi-mesures et de simples palliatifs du mal qui dévore les sociétés.

C'est ce qui m'a fait naître la pensée à moi, homme obscur, mais qui ai soif d'institutions justes, de proposer l'organisation commerciale suivante :

PROJET D'ÉTABLISSEMENT DE MAGASINS NATIONAUX.

Considérant que le commerce, en raison du grand nombre d'individus qui s'y livrent, est devenu la plaie capitale de la société ;

1° En ce que la fabrication tend à multiplier sans mesure, sans discernement et sans règle des objets futiles, au détriment des choses nécessaires à la vie ;

2° En ce qu'un grand nombre de bras sont inutilement employés soit à la fabrication, soit à la revente de ces mêmes objets futiles, bras qui seraient mieux utilisés ailleurs ;

3° En ce que cet excédant de population qui se porte vers le commerce doit vivre néanmoins, et, qu'en raison du peu de débit et de la grande concurrence, il est réduit à frauder soit sur le prix, soit sur là qualité des marchandises, et à faire des faillites et des banqueroutes ruineuses pour un grand nombre et déshonorantes pour tous ;

Considérant l'infinité de preuves existantes des vices ci-dessus indiqués ;

Considérant que le travail qui n'a pas un but utile équivaut à l'oisiveté ;

Considérant que la concurrence illimitée qui fait le principe du commerce actuel manque de liberté, tend à monopoliser le commerce et à profiter à quelques-uns seulement au détriment des masses ;

Considérant que nul ne doit être personnellement victime d'un vice qui fut le fait d'institutions odieuses et incomprises, et que la véritable fraternité prescrit de venir en aide à tous :

Considérant qu'il est permis, au moyen d'institutions sages, de faire rentrer chaque citoyen dans la place qu'il doit occuper pour être réellement utile à la société et cela en sauvegardant tous les intérêts ;

Qu'il est possible d'atteindre ce résultat et d'obvier aux inconvénients plus haut signalés, en tuant par l'association générale la concurrence individuelle fractionnée ;

Qu'il ne faut pour cela que se renfermer dans des bénéfices limités, s'attacher à la fixité des prix et bannir toute fraude sur la qualité des marchandises ;

Qu'une association générale en tant qu'elle réduira de moitié le personnel du commerce individuel ; qu'elle achètera à la source et de grandes quantités, qu'elle économisera des frais de toute sorte et qu'elle présentera au producteur des garanties certaines, peut espérer, à bon droit, de réaliser les résultats ci-dessus de préférence au commerce individuel, qui n'achète que de petites quantités, ne se fournit pas toujours à la source, mais achète souvent des marchandises de deuxième ou de troisième main, qui a de bien plus grands frais de loyer et autres. qui ne présente souvent que peu ou point de garantie ;

Considérant qu'il importe surtout de faire régner cet état de choses quant aux vivres, au vêtement, au logement et aux choses de première nécessité sans s'occuper dès à présent des objets de luxe qui sont du domaine du riche;

Que pour atteindre sûrement ce but il est nécessaire de l'intervention du gouvernement et des municipalités, afin d'assurer plus de crédit à l'entreprise;

Qu'il est nécessaire aussi que les personnes chargées de la vente n'aient aucun intérêt direct à en retirer et soient salariées d'une manière fixe par la société :

Arrêté.—Bases générales des Statuts.

1° L'association a lieu entre :
L'Etat pour 1|10° de capital,
Les municipalités pour 1|10° ;
Les souscripteurs d'actions pour 4|5°.

2° La somme du capital est indéterminée, il est formé uniquement par souscriptions d'actions et jamais par voie d'emprunt ou de dépôt.

3° Les actions sont de 100 francs.—Elles sont nominales et ne sont pas transmissibles.

4° Chaque souscripteur n'est tenu, vis-à-vis de la société et des tiers, que pour le montant des actions par lui souscrites.

5° Les souscriptions sont ouvertes, pour chaque localité de la France, à la mairie du lieu.—Leur montant ne sera versé que le jour de la constitution, et devra l'être alors intégralement.

6° Les actions sont en tout temps remboursables par la société, un mois après la demande écrite faite par un souscripteur. Dans ce cas, celui-ci n'a droit qu'aux bénéfices réalisés à l'époque du dernier inventaire qui a précédé sa demande.

7° Les magasins prennent le titre de magasins nationaux;

8° La durée de l'association est illimitée.

9° Les magasins nationaux de toute la France sont solidaires entr'eux et se viendront réciproquement en aide au moyen de cotisations proportionnelles au capital de chacun d'entr'eux, dans les cas de sinistres généraux provenant de la guerre, de la rigueur des saisons, de l'incendie, ou d'un autre événement de force majeure.

10° Les magasins nationaux proposeront de faire société commune, par localité, avec les diverses institutions de banque ou comptoirs d'escompte, déjà existantes, à la seule condition qu'elles adopteront les présents statuts.

11° Les magasins sont imposables d'un tant pour cent calculé sur l'importance de leurs opérations et de leur capital, pour compenser, envers l'État, le produit des patentes qu'il retire du commerce actuel.

Spécialité.

12° Les magasins nationaux étendent leurs opérations à l'achat et à la vente de toutes matières premières; de toutes denrées et produits de la terre; aux objets de première nécessité et qui ont rapport à la nourriture et à l'habillement en général, aux médicaments, à l'ameublement, aux outils aratoires et autres, et au logement. — Ils ne s'occupent aucunement de ceux des articles ci-dessus qui sont considérés comme objet de luxe, jusqu'à ce qu'il ait été statué différemment.

13° Au fur et à mesure de l'accroissement de leur capital, les magasins nationaux étendent leur spécialité à des opérations de banque et d'escompte et prêtent leur excédant de numéraire à l'agriculture ensuite à l'industrie reconnue réellement utile.

14° Une commission choisie par l'assemblée des actionnaires sera chargée de dresser la nomenclature des produits fabriqués (non objets de luxe), dont il conviendra d'approvisionner les magasins nationaux.

De l'Achat des produits premiers.

15° Quant aux produits quelconques de la terre, la préférence est donnée aux produits de la localité.

16° Pour cette catégorie les magasins nationaux achèteront, immédiatement après la récolte, tous les produits divers de la localité, lors même qu'ils excéderaient prévisionnellement les besoins de l'année.

17° Les céréales s'achètent à l'état de grain;

La viande, sur pied;

Le vin à l'état de boisson ordinaire;

Les autres produits à l'état où l'agriculteur peut les mettre facilement et selon l'usage suivi jusqu'à ce jour.

18° Tout producteur qui aurait vendu un de ses produits à un particulier, négociant ou non, de préférence aux magasins nationaux, renoncerait par là même à la faculté d'écouler tous ses autres produits subséquents dans lesdits magasins nationaux.

19° Aux effets susdits des achats de denrées et de produits premiers, une commission choisie par l'assemblée générale des actionnaires, et dans son sein, est chargée, lors d'une récolte, d'établir la mercuriale des prix qu'il y a lieu de payer au producteur, en prenant pour base la qualité, l'abondance ou la disette, ainsi que la main-d'œuvre qui sera calculée, selon les localités, sur le minimum de 4 et le maximum de 5 fr. par jour pour un ouvrier, de telle sorte que, défalcation faite de la main-d'œuvre ainsi que des impositions, et indépendamment de sa nourriture de lui et de sa famille, le propriétaire qui possède une étendue de terrain donnée, réalise un bénéfice raisonnable à fixer par ladite commission.

20° Pour ce qui est des mêmes produits premiers, au fur et à mesure qu'une récolte est faite et son achat réalisé pour une localité, il est dressé par les soins des administrateurs des magasins, un aperçu des excédants ou des insuffisances prévisionnelles, en calculant pour l'année et en prenant pour base le nombre de la population.

21° Cet aperçu est transmis à une administration centrale établie à Paris (au ministère), laquelle, dans le cas d'insuffisance signalée, fait connaître la série des magasins qui ont des excédants de l'espèce, leur qualité et leur prix, afin qu'on puisse s'approvisionner à l'endroit le plus voisin.

22° Au cas où un produit présenterait des excédants trop grands généralement, et où d'autres produits présenteraient des insuffisances, il serait distribué, par les soins de l'administration centrale dont il a été parlé, aux différents magasins de la France des comptes-rendus destinés à être affichés pour servir de base à l'agriculture pour l'année suivante. On encouragerait, au moyen de primes, ceux des produits qui auraient présenté des insuffisances.

23° Jusqu'à ce que les différents gouvernements aient adopté des bases commerciales identiques à celles de la France (ce qui ne tardera pas à arriver dans l'hypothèse que la France entre résolument dans cette voie), l'administration centrale portera à la connaissance du commerce étranger, à certaines époques de l'année, l'état des insuffisances et des excédants généraux calculés sur la population entière de la nation. — Ces états indiqueront la quantité, la qualité et le prix des excédants. — On pourra aussi envoyer des voyageurs pour tirer parti des excédants, ou combler les insuffisances.

De l'Achat des produits fabriqués.

24° Jusqu'au moment où les fabricants français auront fait société avec les magasins nationaux et pour les articles venant de l'étranger, les achats des produits de l'espèce sont faits par des commis-voyageurs, en connaissant parfaitement.

25° Les achats sont faits sur le lieu même de la fabrication, et du fabricant directement. — Ils sont faits au meilleur marché. — Les commis traitent à forfait. — Ils se font assister, dans leurs achats, par trois membres du conseil municipal du lieu où se trouve le vendeur, lesquels signent le vu de la transaction.

26° Les règlements sont faits au comptant, à trente ou à soixante jours selon l'importance, au moyen de traites à ordre ayant cours dans tous les magasins nationaux de France.

27° Les approvisionnements du genre sont faits pour trois, ou pour six mois.

28° On emploie les moyens de transport les moins dispendieux.

29° Tous les magasins nationaux de France sont solidaires du paiement à effectuer par l'un d'eux, sauf recours.

30° Pour ce qui concerne l'achat de toutes les marchandises qui sont du domaine des magasins nationaux, dans le but d'indemniser le commerce actuel, indépendamment de ce qui sera réglé à l'article 44 ci-après, les magasins nationaux recevront, soit à titre d'actions, soit pour être vendues pour le compte des négociants, celles de ces marchandises qui auront été reconnues de bon aloi et non fraudées. — A défaut par un commerçant de faire usage de cette faveur dans le délai d'un mois de la constitution des magasins, il ne sera plus admis à en jouir. — Ces clauses sont rigoureuses.

31° Du moment qu'il n'existera plus de commerce individuel de détail, ce qui ne doit pas tarder d'arriver, il sera permis dès lors d'étendre la présente association aux fabricants : — Elle aura lieu sur les bases suivantes. — D'après l'importance de la fabrication, le prix des marchandises sera fixé de manière que, déduction faite, 1° du prix des matières premières ; 2° de l'entretien du matériel et des frais de toute sorte ; 3° du salaire des ouvriers et employés qui variera entre 5 et 8 fr. par jour, il reste au fabricant, au bout de l'année, un bénéfice net et bien assuré de 4,000 à 6,000 fr. — On s'attachera aux fabricants qui font le mieux et aux meilleures conditions, sauf par l'Etat à diriger vers ces fabricants ceux des artisans individuels qui ne pourront pas fabriquer avec la même économie, et à faire que l'on ne s'attache pas, en France, à la fabrication de produits qui se fabriquent mieux et meilleur marché à l'étranger.

Des Loyers.

ARTICLE TRANSITOIRE.

32° Tous les propriétaires de maisons seront convoqués devant une commission désignée à l'effet d'arrêter des prix de loyer convenables. — On prendra pour base la valeur intrinsèque des maisons et le bénéfice accordé aux diverses branches de l'industrie. — Les propriétaires seront invités à dépouiller l'usure. — A défaut par ceux-ci de descendre à des prix raisonnables, ils seront menacés de l'établissement de grandes baraques destinées à loger les plus nécessiteux parmi les ouvriers, et à voir ainsi leurs maisons réduites au chômage.

Des Ventes et des Bénéfices à réaliser.

33° Les bénéfices que les magasins nationaux se proposent de réaliser seront toujours en moyenne proportion de ceux laissés soit à l'agriculteur soit au manufacturier.

34° Provisoirement, et jusqu'à ce que l'expérience ait démontré que l'on doit changer les bases suivantes, — le bénéfice est fixé ainsi qu'il suit : Sur les prêts d'argent, à 6 p. 0|0 par an, et sur les marchandises, à 10 p. 0|0 du prix d'achat, net de tous frais de loyer, de transports, d'avaries, de salaires du personnel et du tant pour cent à imposer envers l'Etat, ainsi qu'il a été dit à l'article 11.

35° A cet effet, à l'arrivée des marchandises, supputation est faite de tous ces frais pour le montant être ajouté au prix d'achat.

36° Cela fait, le prix que doit être vendue une marchandise est écrit lisiblement et sans surcharge sur chaque article au moyen d'une étiquette marquée d'un signe particulier pour la règle du consommateur.

37° Quant aux articles qui ne comportent pas une marque particulière par pièce ou par douzaine, il en est dressé, et déposé dans le lieu le plus apparent du magasin, une liste alphabétique indiquant le prix de ces mêmes articles.

38° De magasin à magasin, on vend sans bénéfice. On ajoute seulement, au prix de revient des marchandises, les frais qu'elles ont occasionnés.

39° Inventaire est fait tous les six mois. A la même époque, les bénéfices sont répartis proportionnellement aux mises. — Un quart du bénéfice s'ajoute au capital selon les besoins. — L'État et les municipalités ont la même part proportionnelle dans les bénéfices que les particuliers.

Crédits dans les ventes.

40° Les magasins nationaux ne vendent qu'au comptant, ou à un mois de crédit sur caution.

41° Les cautions sont :

1° Les individus reconnus solvables ;

2° Les commissions de travail ;

3° Les établissements de bienfaisance ;

42° Le mois expiré on fait saisir les débiteurs qui ne se sont pas exécutés.

Du Personnel.

43° Le personnel est choisi par l'assemblée des actionnaires.

44° Il est choisi uniquement, jusqu'à nouvel ordre, parmi le commerce actuel, à l'effet de l'indemniser des pertes qu'aura pu lui faire éprouver l'établissement des magasins nationaux.

45° A un égal degré de mérite, d'honnêteté et de probité, la préférence est accordée à ceux qui ont moins de fortune ou qui ont le plus souffert du changement de système.

46° Il y a pour chaque magasin :

Un gérant dont les fonctions seront définies ; traitement de 4,000 à 6,000 fr. par an ;

Un rédacteur de la correspondance, de 2,000 à 4,000 fr. par an ;

Un caissier, de 2,000 à 4,000 fr. ;

Un teneur de livres, de 2,000 à 4,000 fr. ;

Un ou deux expéditionnaires, commis aux écritures auxiliaires, à 2,000 fr. l'un ;

Des commis aux distributions selon les besoins du service, de 1,800 à 2,000 fr ;

Des commis-voyageurs, appointement fixe de 2,000 à 4,000 fr.; par jour de voyage 10 fr.

Administration, Surveillance et Discipline.

47° Une commission de dix membres, choisis parmi les actionnaires et par eux, entre ce qu'il y a de plus probe et de plus indépendant par la fortune, est chargé de surveiller les opérations. — Ces dix membres assistent, à cet effet, aux distributions, deux par deux et à tour de rôle, et veillent à ce qu'elles soient faites avec ordre, ponctualité, exactitude et honnêteté, sans distinction, partialité ni préférence. — Ils s'assurent qu'aucune fraude ne soit commise ni dans le prix, ni dans la qualité, ni sur le poids ou la mesure. — Ils entendent de toutes réclamations de l'espèce. — Les fonctions desdits commissaires sont gratuites et purement honorifiques.

48° La moindre infidélité ou fraude commise par un employé des magasins nationaux donne lieu à son renvoi immédiat et à l'inscription de son nom sur un registre tenu à cet effet dans chaque magasin national de France.

49° Est considéré comme ayant exercé la fraude tout employé dont la fortune s'est accrue dans des proportions que ne comporte pas son traitement, et puni comme tel s'il ne justifie devant la société cet accroissement de fortune.

50° Les magasins sont ouverts au public dix heures par jour sans interruption. — Les commis au détail se relèvent pour les heures des repas.

Il y des magasins pour chaque variété de marchandises. — Leur nombre varié d'après l'importance des localités.

51° Les magasins sont établis, autant que possible, dans l'endroit le plus central, afin qu'ils soient plus à la portée de tous les citoyens.

De la Constitution.

52° L'Etat et les municipalités devront approuver les présents statuts et se soumettre à faire partie de l'association aux conditions exprimées à l'article 1ᵉʳ (du capital).

53° Un magasin national est constitué du moment que le montant des actions souscrites a atteint le chiffre de.........., à déterminer en assemblée générale des actionnaires.

54° Il n'est pas nécessaire, pour que cette constitution ait lieu, que le capital soit arrivé à un chiffre qui permette d'étendre les opérations à toutes les marchandises désignées à l'art. 10 ; il suffit pour cela que l'on puisse opérer sur un certain nombre, en commençant par les plus nécessaires à la vie.

55° Du moment qu'un magasin est constitué, il en est donné avis par la voie des journaux et des affiches.

Raisons, Effets et Avantages des Magasins nationaux.

Si l'on a bien compris le sens des statuts qui précèdent, il est évident que

1° Le consommateur rencontre, dans leur établissement, une

grande économie dans le prix des produits, indépendamment de la garantie qu'il acquiert contre la fraude de toute espèce;

2° Le producteur est sûr de l'écoulement immédiat de tous ses produits, sûr aussi d'en toucher le prix, et un prix égal à celui de son voisin beaucoup plus riche que lui; au lieu que dans le système que nous combattons, cet écoulement était souvent ou difficile, ou bien l'agriculteur qui avait peu d'avances et qui ne pouvait pas attendre telle occasion de vendre, était forcé de se mettre à la discrétion des accapareurs, des spéculateurs comme on les appelle, qui le faisaient composer et ne lui laissaient que peu ou point de bénéfice; heureux encore si une faillite ou une banqueroute ne l'induisait pas en une perte totale;

3° Les marchandises et les produits vont directement et par la voie la plus courte au lieu de leur consommation, avec économie de transport et de déplacement; au lieu que, dans le système actuel, telle marchandise est revenue souvent au point d'où elle était partie, ou bien elle a suivi des directions détournées; indépendamment des frais nombreux de transport, elle a passé par les mains de différents individus qui ont dû nécessairement bénéficier sur elle et bien souvent l'ont dénaturée;

4° On connaît toujours les vrais besoins; le fabricant ne fabrique que juste ce qu'il faut à la consommation; il n'y a plus de bras employés inutilement, et vos magasins ne regorgent plus de marchandises, comme il arrive dans le commerce actuel.

5° Au moyen des prévisions des articles 21 et 22 des statuts qui précèdent, l'agriculteur sait toujours à quelle espèce de produits il doit s'attacher de préférence; il sème avec une règle certaine, au lieu que, dans notre système actuel, il n'y avait pas de règle suivie; l'agriculteur semait au hasard, et il eût bien pu arriver que tous les agriculteurs de la France s'attachassent au même produit pendant une année, ce qui eût été d'un grand inconvénient dans la consommation.

6° La révolution sociale, révolution indispensable que vous ne pouvez différer que pour un temps, si tant est que vous puissiez la différer encore, s'opère sans secousse essentielle et sans injustice; tout rentre dans l'ordre par la voie naturelle, par la voie de la justice.

Les liens de la famille sont sauvés; — la propriété est respectée; — l'émulation est maintenue et encouragée; — personne n'est dépouillé; — chacun reste avec sa pleine liberté, moins la faculté d'exploiter son semblable et de commettre l'iniquité.

7° Alors, et seulement alors, il devient possible d'organiser le travail, ce que l'on a vainement tenté de faire dans le système actuel. Du moment que vous connaissez le prix de toutes les choses nécessaires à la vie, et que vous avez acquis la certitude que l'usure et l'agiotage ne peuvent plus faire varier ces prix; dès lors, dis-je, il devient facile pour vous de régler convenablement et d'une manière équitable le salaire des ouvriers.

8° Le commerce est également libre et également lucratif pour tous ; celui qui ne possède que 100 francs court proportionnellement les mêmes chances de bénéfices que celui qui en possède 100 mille. J'ai démontré qu'il n'en était pas de même dans le système actuel.

9° Plus de faillites ni de banqueroutes , elles ne sont plus possibles ; partant, plus de pertes de ce genre à redouter.

10° plus d'injustices commises dans les transactions , ou, tout au moins, l'injustice disparaît aux 99|100mes, sans exagération, du sein de la société.

11° En même temps que notre système procure au grand nombre des citoyens d'immenses avantages , il sauve tous les droits du commerçant actuel au moyen de ce qui est établi aux articles 30 et 44 des statuts plus haut développés.

12° Dans un temps donné, qui n'est pas éloigné, les magasins nationaux devenant seuls acheteurs des deurées et produits de toute nature, et l'Etat connaissant parfaitement par ce moyen la fortune réelle de chaque citoyen, il devient dès lors possible de changer les bases de l'impôt foncier et de le faire peser sur les revenus réels de chacun. L'impôt devient ainsi plus équitable en tant qu'il se mesure sur le revenu réel de chaque année (car, après tout, il est ridicule que vous imposiez autant le propriétaire, l'année où la grêle a ravagé son champ et où il n'a rien récolté, que l'année où il a fait une abondante récolte). — Les magasins nationaux peuvent être établis seuls comptables de cette partie de l'impôt, lequel frapperait sur le prix d'achat, devrait être progessif et non proportionnel, et partirait d'un minimum qu'il s'agirait de fixer. — De cette manière, une partie de l'administration se trouverait singulièrement simplifiée.

13° Le crédit se trouvant *forcément* concentré dans les magasins nationaux et leurs comptoirs, et le crédit individuel se trouvant annihilé (si l'on fait attention qu'intérêt pour intérêt, le capitaliste préférera la garantie de l'association générale à celle d'un individu, et que l'emprunteur préférera emprunter aux magasins nationaux à un taux modéré, qu'à un capitaliste à un taux usuraire), à moins que le capitaliste ne préfère garder son argent dans sa caisse, ce qui est peu probable, il sera toujours facile de connaître l'avoir en numéraire d'un citoyen et d'établir l'impôt sur cette partie de la fortune qui jusqu'ici en a été exempte.

Un Mot sur l'Algérie.

*Qu'on veuille bien me permettre cette digression en faveur d'un pays
que j'habite.*

On a beaucoup écrit sur la colonisation en Algérie, bien des
méthodes ont été présentées, bien des moyens ont été tentés ;
d'un autre côté, l'État a fait, en faveur de cette question, d'énor-
mes sacrifices. D'où vient néanmoins, que, depuis dix-huit ans
que nous occupons ce pays, la colonisation y ait fait si peu de
progrès ? Devons-nous, comme quelques-uns l'ont fait, en accuser l'ingratitude du sol, la rigueur et l'insalubrité du climat ?
Mais la médecine n'a-t-elle pas démontré, qu'en supposant les
individus dans des conditions égales de bien-être, la mortalité
n'était pas dans de plus grandes proportions en Algérie qu'en
France ? Mais, en présence de cette puissante végétation qui
transforme en arbuste ce qui n'est que plante en Europe, et en
arbre ce qui n'est qu'arbuste ; mais, dans un pays où l'olivier,
nain partout ailleurs, vient à l'état de géant, grand comme nos
plus grands chênes, où l'artichaud, l'asperge et les autres plantes
potagères, qui ne viennent ailleurs qu'avec de grands soins,
poussent en râse-campagne et dans les champs incultes, où le
raisin pèse jusqu'à vingt livres ; mais, lorsque l'histoire, d'accord
en cela avec les restes d'antiquités que l'on découvre chaque
jour, vous représente ce pays comme ayant été jadis le grenier
d'abondance de Rome, serons-nous admis à accuser l'ingratitude
du sol ? Non. — Disons plutôt que le peu de résultats obtenus
tient uniquement à cette maladie de trafiquer qui distrait tota-
lement les esprits de l'agriculture. — Voyez, en effet, ce qui
arrive : du moment qu'un centre de population est créé, il
compte bientôt autant de marchands de vin ou d'autres industriels que d'habitants. — Au lieu de s'occuper d'agriculture, c'est
tout au plus si l'on se donne la peine de récolter les produits que
la terre rapporte d'elle-même, tels que le bois et le fourrage, et
encore faut-il que l'État en encourage la récolte par un programme annuel du prix à payer par quintal métrique. — En
revanche, la marchandise est vendue cent, deux cents et même
trois cents p. 0{0 au-dessus de sa valeur réelle, et l'intérêt de l'argent
est exigé au taux très légal ici de 24 à 36 pour 100, sur caution ; en
sorte que s'il se trouve un colon sur mille qui veuille se livrer à
l'agriculture avec de faibles ressources, il est sûr d'être bientôt
ruiné.

Pour ceux qui font consister le bien-être des peuples dans le
libre exercice et dans la plus grande extension du commerce et

de la concurrence illimitée, et qui proclament impudemment que le commerce constitue seul la vraie richesse d'un pays, ils peuvent compter qu'il n'y a pas une contrée au monde où leurs principes soient mieux compris qu'en Algérie ; et s'il est vrai que le bonheur des peuples doive résulter de la pratique de pareilles doctrines, aucun pays au monde ne peut se vanter de jouir d'une aussi grande somme de bonheur et de bien-être que l'Algérie.— En est-il ainsi? hélas ! non. — Il faut le dire, toutefois, tant que le gouvernement français a jeté ici des milions à profusion, ces millions ont suffi à alimenter temporairement ce commerce universel d'agiotage et d'usure ; quelques-uns même ont fait en très-peu de temps des fortunes colossales au détriment de la colonisation. Mais, du jour où le gouvernement a diminué sa subvention, soit en retirant une partie de ses troupes ou autrement, ce commerce s'est aperçu tout-à-coup qu'il n'avait pas cette essence réelle et nécessaire qui ne peut lui venir que de l'agriculture, et dès ce jour l'Algérie pousse son cri de détresse et meurt d'inanition.

Je soutiens que c'est folie d'espérer coloniser avec des éléments semblables, et toutes les théories du monde seraient-elles encore plus volumineuses que toutes celles qui ont paru jusqu'à ce jour, ne seront pas capables de faire faire un pas à la question de colonisation tant qu'on n'aura pas guéri cette maladie de commercer qui tient tous les individus. Il ne servirait pas davantage que la France versât en Algérie la moitié de ses trésors, ce ne serait qu'une pâture de plus jetée aux loups-cerviers de l'usure, et la colonisation n'en retirerait aucun profit.

Pour arriver à ce but, il n'y a qu'un moyen, un seul moyen, et ce moyen est, sans contredit, infaillible ; le voici en quelques lignes :

1° Etablissez immédiatement en Algérie des magasins nationaux d'après les bases indiquées.

2° Que l'Etat accorde des concessions de 10 à 15 hectares à tout individu qui en fera la demande, sans exiger d'autre garantie de la part d'un colon qu'une certaine connaissance de l'agriculture jointe au désir de travailler.

3° Soumettre, à cet égard, le pétitionnaire à un petit programme des questions les plus élémentaires sur l'agriculture.

4° Que ceux qui ne connaissent pas l'agriculture et qui ont le désir de travailler soient envoyés dans des fermes-modèles où ils travailleront sous une direction jusqu'au moment où ils seront reconnus aptes à gérer une concession pour leur compte.

5° Sur la seule garantie du travail, qui doit suffire, en effet, dans tous les cas aux besoins de l'homme, que l'Etat ou les magasins nationaux fassent au colon toutes avances en matériel d'exploitation, outils, bestiaux, semences, nourriture, vêtements et logement, à charge par lui de servir un intérêt minime et de s'acquitter peu à peu, soit en argent, soit en nature.

6° Assurer au colon que ce secours ne lui manquera jamais contre tout événement malheureux provenant de la rigueur du climat ou de toute autre force majeure, pourvu qu'il justifie d'un travail consciencieux. — Faire constater régulièrement ce travail par des inspecteurs nommés à cet effet.

7° En cas d'abus par un colon, lui retirer sa concession et en mettre un autre à sa place.

Difficultés d'exécution.

Si tous les hommes étaient mus par le seul sentiment du juste et de l'honnête ; si, ayant un peu en vue le bien des masses, ils consentaient à dépouiller une partie de ce froid égoïsme qui fait tout le mal des sociétés, la réalisation du plan proposé ne devrait éprouver aucune difficulté. Mais il faut bien s'attendre à rencontrer du mauvais vouloir de la part d'un certain nombre : on ne détruit pas aussi facilement des préjugés, et surtout lorsque les intérêts particuliers sont mis en jeu. C'est pourquoi il est nécessaire que l'État et les municipalités s'emparent de la question, que des hommes influents lui apportent le concours de leurs lumières et de leur fortune ; il faut que tout citoyen possesseur de 100 francs, comprenant la latitude qui lui est laissée par l'article 6 des statuts, s'empresse de souscrire une action ; il faut surtout que, sans trop tenir compte de certaines difficultés dans la réalisation du capital, on commence d'abord, ne serait-ce que sur une petite échelle, ne dût-on opérer que sur quelques objets de première nécessité, en s'attachant aux plus indispensables, tels que le pain, le vin, la viande, les comestibles ; il faut aussi que l'agriculteur, quel qu'il soit, comprenant tous les avantages qu'il y a pour lui dans cette mesure, par ce que nous avons développé plus haut, ne vende à d'autres qu'aux magasins nationaux ses produits, dût-il, dans les premiers temps, se soumettre à un court délai dans le paiement. Par ces moyens, il n'y a plus à redouter le défaut de participation de quelques détenteurs du numéraire ; l'exemple gagnera et bientôt tout le commerce se trouvera entraîné dans les voies indiquées.

Une autre difficulté vient du côté des excédants de population, que l'organisation commerciale proposée révèlerait indubitablement dans les diverses industries commerciales et manufacturières, excédants dont, dans tous les cas, il est indispensable de s'occuper.

Voici quelques moyens, entre autres, de tirer parti de ces excédants.

J'ai dit, à l'article 44 du projet de statuts, que le personnel des magasins nationaux devrait être choisi exclusivement dans le sein du commerce actuel.

Pour l'exécution de ce principe, je classerais volontiers les industriels et les commerçants en quatre grandes catégories présentant : 1° des Français, 2° des étrangers, 3° des riches, 4° de moins riches.

Jusqu'à extinction d'excédants, j'accorderais la préférence aux Français sur les étrangers non naturalisés.

Entre Français, à mérite égal d'aptitude et de moralité, j'accorderais la préférence aux moins riches et à ceux qui auraient le plus souffert du nouvel ordre de choses, sur ceux qui posséderaient une fortune considérable et indépendante.

Je distinguerais le père de famille du célibataire.

J'aurais égard jusqu'à la constitution physique des individus.

Du reste, tous les choix auraient lieu à la majorité, dans l'assemblée générale des actionnaires.

Enfin, je me soumettrais à laisser exister dans les cadres des employés et ouvriers, commerçants et manufacturiers, un certain excédant, m'astreignant seulement à ne pas faire, pendant un temps donné, de nouveaux apprentis ou de nouvelles nominations, jusqu'à ce que je fusse descendu à un personnel normal.

Par ces moyens, je suis persuadé qu'il est possible d'opérer l'amélioration proposée sans une secousse trop violente ; tout au moins l'opérerait-on sans léser en aucune manière la justice.

Après tout, quand il s'agit de sauver le corps, doit-on craindre d'en couper un membre inutile, et laisserez-vous l'arbre se rabougrir pour ne pas l'émonder ?

CONCLUSION.

J'ai dit que sans la réglementation du commerce d'après les bases indiquées, toutes les autres institutions, quelles qu'elles fussent, que l'on serait à même d'introduire dans le corps social, ne pourraient y apporter aucun bien sensible.

Voyons plutôt ce qui est arrivé jusqu'ici :

On a cherché à organiser le travail et à régler le salaire des ouvriers, et l'on n'a pu encore y parvenir, et l'on n'y parviendra pas ; j'ai démontré pourquoi, dans le cours de cet écrit.

On a décrété l'abolition de la prise de corps, et bientôt certainement on sera dans la nécessité de la rétablir, à cause du discrédit que cette mesure a occasionné dans les relations.

On a réduit les hauts traitements et même le nombre des emplois tant civils que militaires, et l'on a voulu imposer les loyers de luxe, et bientôt le commerce a crié merci, parce que, après tout, c'est le commerce que cette mesure a atteint immédiatement. Vous réduisez mon traitement et imposez mes objets de luxe, et moi je réduis mes chevaux, ma voiture, mes gens, tout mon luxe, en un mot.

Il en sera de même de l'impôt progressif, si jamais il est voté, comme étant le seul équitable : les riches propriétaires de biens-fonds convertiront en numéraire toute leur fortune et la feront servir à pressurer de plus en plus, par leur usure, et sans que vous puissiez les atteindre, les détenteurs de la propriété foncière.

Je voudrais passer ainsi en revue toutes les améliorations proposées ou déjà réalisées depuis la révolution de février ; il serait facile de se convaincre qu'aucune n'a une portée réelle ; qu'elles ne sont toutes au fond que des palliatifs dont l'effet se démentira un peu plus tôt ou un peu plus tard.

Et comment en serait-il autrement, puisque, en même temps que vous voulez rétablir l'équité sur un point, vous favorisez d'un autre côté le vice contraire, c'est-à-dire le commerce, le monopole et l'agiotage. Vous voulez procurer à celui qui n'a pas, et vous craignez de mettre un frein à la rapacité de quelques-uns qui veulent seuls tout avoir. Vous ne pouvez faire en même temps le pour et le contre. Au lieu de deux principes contradictoires que vous professez, j'aimerais mieux que vous n'en professiez qu'un essentiellement faux, parce que j'aurais plus d'espoir de voir la vérité reprendre son empire.

Non pas que j'entende établir que les institutions dont vous
avez gratifié le pays jusqu'à ce jour n'aient un bon côté et ne
décèlent beaucoup de bon vouloir ; je veux dire seulement que
ces institutions sont et seront incomplètes tant que vous n'aurez
pas réformé le commerce.

Généralisez le commerce dans le sens indiqué, il n'y a de salut
que là ; sans cela, toutes vos institutions seront frappées de nul-
lité et vous ne parviendrez jamais à résoudre le problème que
vous vous êtes posé, celui d'améliorer le sort du peuple. Par ce
moyen, au contraire, et par ce moyen seulement, vos autres
institutions acquerront une portée véritable ; la justice renaîtra
sur la terre, et avec elle le bonheur de tous ; car un Dieu l'a dit :
Colete justitiam et omnia proficientur vobis.